Spiritualità del quotidiano

UN ANGELO ANCHE PER TE

ANNA MARIA CÀNOPI

UN ANGELO ANCHE PER TE

Paoline

PAOLINE Editoriale Libri

Via Francesco Albani, 21 - 20149 Milano
www.paoline.it
edlibri.mi@paoline.it
Distribuzione: Diffusione San Paolo s.r.l.
Corso Regina Margherita, 2 - 10153 Torino

Introduzione

L'opera della creazione non è soltanto quella che vediamo con i nostri occhi corporei e che è percepita dai nostri sensi. Nell'inesauribile fecondità del suo atto creativo, Dio ha chiamato all'esistenza anche un mondo a noi invisibile, eppure realissimo, che è splendido riflesso della sua gloria e che possiamo percepire presente solo con i sensi spirituali, mediante la fede, la preghiera, l'illuminazione interiore che ci viene dallo Spirito Santo.

La Sacra Scrittura solleva per noi un velo su questo mondo misterioso e ce ne lascia scorgere qualche sprazzo quando ci parla degli «angeli», esseri spirituali il cui nome – che significa «messaggero» – non designa la natura, ma la funzione.

Gli angeli stanno al cospetto di Dio, lo contemplano, lo adorano, cantano coralmente la sua gloria e si tengono al suo servizio sia per il provvidente governo del cosmo, sia per l'esecuzione del piano della salvezza in rapporto agli uomini.

La rivelazione dell'Antico Testamento ce li fa conoscere soprattutto in quest'ultima funzione, ossia quali strumenti della benevolenza divina verso il popolo eletto. Essi hanno il compito di preparare l'umanità a ricevere la salvezza. Li troviamo sul cammino di Abramo e degli altri patriarchi; sul cammino di Mosè e del popolo di Israele durante l'esodo dall'Egitto e poi lungo tutti i secoli di storia che vanno incontro al Messia (cfr. *Catechismo della Chiesa Cattolica*, 54-65; 328-336).

Nel Nuovo Testamento la missione degli angeli in ordine al piano della salvezza si delinea con ancora maggiore chiarezza. Essi annunciano i grandi misteri del Cristo e sono al suo servizio nell'opera della redenzione sia durante la sua vita terrena, sia dopo la sua ascensione al cielo. Assistono, infatti, gli apostoli nei difficili inizi dell'evangelizzazione. Proteggono la Chiesa e i cristiani, aiutandoli a conseguire il loro fine supremo. Secondo un'antichissima tradizione, ogni popolo ha il suo angelo protettore, come pure le singole persone.

Essendo i ministri della liturgia celeste, gli angeli presiedono invisibilmente anche alla liturgia terrestre, che è in stretta relazione con quella del cielo.

Alla fine dei tempi essi accompagneranno il Cristo nel suo ritorno glorioso; saranno a lui associati nell'esecuzione del giudizio e finalmente saluteranno con gaudio la glorificazione dei figli di Dio e la redenzione di tutta la creazione visibile.

L'esistenza di una creazione di ordine puramente spirituale, non percepibile dai nostri sensi corporei, costituisce un articolo della professione di fede cristiana: «Credo in un solo Dio, Padre onnipotente, creatore del cielo e della terra, di tutte le cose visibili e invisibili».

L'espressione ovviamente ci fa pensare agli angeli che, chiamati all'esistenza nel primo mattino della creazione, secondo un'espressione poetica della Sacra Scrittura giubilarono insieme alle stelle, quando Dio pose le fondamenta della terra, dimora dell'uomo (cfr. Gb 38,6-7).

Quasi tutti i popoli si tramandano credenze più o meno leggendarie sull'esistenza di esseri celesti aventi un ufficio di mediazione tra il mondo divino e il mondo cosmico e umano. L'immaginazione popolare e il simbolismo religioso orientale ebbero un ruolo notevole nella raffigurazione di tali esseri. In genere venivano descritti – come del resto si faceva per la divinità – con antropomorfismi sublimati. Originariamente si attribuirono indistintamente agli angeli funzioni benefiche o malefiche (cfr. Gb 1,12; Sal 78,49; Es 12,23), ma più tardi si arrivò alla distinzione tra angeli buoni e angeli cattivi, in costante opposizione tra di loro (cfr. Zc 3,1ss.) e questi ultimi, separati da Dio, furono chiamati « demoni ».

Delle varie tradizioni popolari sugli angeli rimangono tracce nei generi letterari usati dagli scrittori ispirati. Si tratta, però, di un'influenza limitata al linguaggio, poiché, a motivo del suo carattere monoteistico, la religione ebraica ammetteva esclusivamente l'esistenza di esseri subordinati al Dio unico, da lui creati, intenti ad adorarlo e a servirlo, coadiuvandolo nel governo del mondo (Ne 9; Dn 7; Sal 103). Per analogia con le concezioni mitologiche riguardanti il sovrano orientale, nella Bibbia gli angeli sono spesso descritti come una fulgente schiera – un esercito – che attornia il trono di Dio, il quale perciò viene pure chiamato « Dio degli eserciti ».

Questa immensa moltitudine è stata presentata gerarchicamente, per cui si parla di ordini o cori angelici aventi a capo un loro principe (cfr. Tb 12,15). Gli angeli furono anche distinti con nomi e funzioni speciali. Nell'Antico Testamento si trovano spesso menzionati i *cherubini* (nome di origine babilonese) e i *serafini*, ossia «ardenti», ai quali si attribuiscono compiti di particolare importanza nel servizio cultuale che si svolge attorno al trono di Dio.

L'atteggiamento di profonda riverenza che gli angeli tengono davanti alla divina Maestà esprime la consapevolezza della infinita trascendenza del Creatore nei confronti di ogni creatura, spiriti celesti compresi. E l'acclamazione al Santo, messa dal profeta in bocca agli angeli – acclamazione entrata in tutti i riti liturgici – dà inoltre il senso dell'onnipresenza della gloria divina che si effonde per beatificare.

Il cielo, il mondo invisibile, non è quindi una realtà lontana, a sé stante, ma riempie l'universo visibile e non rimane estraneo ad alcuna sua vicenda.

Gli angeli sono proprio gli intermediari di queste misteriose comunicazioni. E benché essi siano creature di singolare bellezza e di altissima dignità, tanto da poter stare alla diretta presenza di Dio, la Sacra Scrittura ci rivela che non loro, ma gli uomini sono l'oggetto della predilezione divina (cfr. Eb 2). Anzi, Dio ha messo gli angeli al servizio degli uomini facendone degli strumenti della sua potenza e provvidenza nella esecuzione del suo piano di salvezza (cfr. Eb 1).

Secondo i Vangeli dell'infanzia di Gesù, Gabriele è il celeste messaggero incaricato di portare al sacerdote Zaccaria l'annuncio della nascita del precursore e alla vergine Maria quello dell'incarnazione del Verbo nel suo seno (cfr. Lc 1).

Un angelo, inoltre, porta buon consiglio a Giuseppe quando sta meditando in cuor suo di rimandare segretamente la promessa sposa (cfr. Mt 1,20-21), come in seguito gli suggerirà di emigrare in Egitto per sottrarre la Madre e il Bambino alle insidie di Erode (cfr. Mt 2,13) e poi – cessato il pericolo – lo richiamerà nella terra d'Israele (cfr. Mt 2,19-20).

È ancora un angelo a recare la gioiosa notizia della nascita del Salvatore ai pastori di Betlemme. E con lui, nella medesima notte, una innumerevole schiera di spiriti celesti scende a cantare sulla terra la gloria di Dio che si manifesta in benevolenza verso gli uomini (cfr. Lc 2).

Dopo gli angeli del Natale, descritti come apparizione di luce e armonia di canto, troviamo gli angeli sfolgoranti e biancovestiti della risurrezione (cfr. Lc 24,2-6) e dell'ascensione (cfr. At 1,10-11).

Ordinariamente la presenza degli angeli attorno a Gesù rimane invisibile; solo a tratti, nei momenti più decisivi della sua vita, si fa manifesta, per dare testimonianza della sua divinità.

Facendosi uomo, il Verbo si è abbassato al di sotto degli angeli, ma non cessando di essere Dio, è rimasto a loro infinitamente superiore (cfr. Eb 1,4ss; 2,7.9). Essi sono quindi al suo servizio ed egli potrebbe disporne in ogni momento, con sovrana libertà, ma se ne serve esclusivamente per condurre a termine l'opera della salvezza secondo il disegno del Padre. Perciò, mentre accetta l'assistenza degli angeli nel deserto, dopo le tentazioni diaboliche (cfr. Mc 1,13) e il conforto di un angelo inviato dal Padre nella notte angosciosa del Getsemani (cfr. Lc 22,43), si abbandona invece totalmente indifeso nelle mani dei suoi nemici quando sente giunta l'ora del suo supremo sacrificio (cfr. Mt 26,53).

Soltanto quando la redenzione sarà compiuta, si vedrà la loro presenza, come dice il Cristo stesso evocando la visione di Giacobbe (cfr. Gen 20,10-17): «In verità, in verità io vi dico: vedrete *il cielo* aperto *e gli angeli di Dio salire e scendere* sopra il Figlio dell'uomo» (Gv 1,51).

Il ruolo degli angeli nell'opera della redenzione è messo in piena luce negli scritti degli apostoli che vedono in essi un segno dell'incessante e premurosa presenza di Gesù tra i suoi.

Per gli apostoli perseguitati e incarcerati gli angeli sono più volte provvidenziali liberatori (cfr. At 5; 12). Un angelo mette Filippo sulla strada «che discende da Gerusalemme a Gaza» per fargli incontrare il funzionario della regina degli Etiopi disposto ad accogliere l'annuncio della salvezza e il battesimo (cfr. At 10,26). E ancora un angelo combina l'incontro di Pietro con il centurione Cornelio (cfr. At 10,1ss; 11,1-18). Nel grave pericolo di naufragio in cui si trova la nave che conduce Paolo prigioniero a Roma, un angelo porta all'apostolo un rassicurante messaggio per lui e per i suoi compagni di viaggio (cfr. At 27,23-25). Insomma, sempre nelle difficoltà incontrate per la diffusione del Vangelo, gli apostoli fruiscono di una speciale assistenza.

Nell'Apocalisse, inoltre, affiora l'opinione secondo la quale a ogni Chiesa sarebbe preposto, oltre al vescovo, un angelo, che avrebbe il compito di proteggerla e tutelarne l'unità e la pace (cfr. Ap 2,1.8.12.18; 3,1.7.14).

Da parte sua la Chiesa non solo si associa agli angeli nel canto della liturgia, ma anche li invoca e ne fa oggetto di venerazione; inoltre, con tenero sentimento materno affida alla loro tutela tutti i suoi figli, al termine di ogni giornata, nell'Ora di Compieta e soprattutto al termine della vita.

Mi piace, allora, riportare qui un suggestivo ricordo di un sacerdote scrittore del secolo scorso:

«Mi contava un santo sacerdote (qualcuno c'è ancora) che proprio il giorno degli angeli custodi, celebrando nella sua chiesetta di San Giovanni al Fonte, con assistenza di fedeli, gli accadde di sentire per tutto il tempo della Messa un vasto frullar d'ale, né sapeva donde venisse. Pensò trattarsi, come fosse cosa naturale, d'una adunata d'angeli (il suo e quello dei presenti) che recitavano la Messa insieme a lui. Non ho mai udito un racconto più stupendo di questo, né che m'abbia data maggior commozione. Se non fosse quella provata una volta, quando, capitato sul fare della sera presso la soglia di una vecchia Abbadia, da quei monaci gravi sentii cantare l'Ora di Compieta; e dalla voce del padre priore intesi l'orazione finale che è un inno agli angeli: "Visita, o Signore, questa tua abitazione, e allontana le insidie degli spiriti mali; i tuoi angeli abitino in essa e la custodiscano in pace". In quel momento, sotto il suono dell'ultima campana, mi parve di vedere tanti angeli che, uscendo dall'alto, si raccoglievano in tutte le famiglie come l'ultima benedizione della giornata. E tornato alla mia camera nuda come cella, chiudendo l'uscio e accostando gli scuri, tremavo dalla gioia che mi dava il sapere, quasi anzi il vedere, che ci avevo rinchiuso un angelo proprio tutto per me» (Cesare Angelini, in Aa.vv., *Ritorno degli angeli*, La locusta, Vicenza 1988, p. 45).

Gli angeli, vigili sentinelle poste dal Creatore a presidio di tutta la creazione visibile, non termineranno la loro missione fino a quando tutta la creazione – umanità e cosmo – non sarà uscita dal suo travaglio di rinnovamento (cfr. Rm 8,19-23; 1Pt 3,2) e non si sarà totalmente ricongiunta, nel Cristo, a Dio (cfr. Ef 1,10; Col 1,20; 1Cor 15,24-28).

E quando il piano della salvezza sarà finalmente compiuto, anche gli angeli raccoglieranno il premio del loro servizio. La gioia del Cristo nell'incontro definitivo con la Chiesa, sposa tutta purificata e tutta santa, sarà anche la gioia degli angeli, gioia da loro lungamente attesa, fervidamente preparata e in qualche misura pregustata nella conversione dei peccatori.

Allora, ricapitolata in Cristo e offerta al Padre, tutta la creazione – visibile e invisibile – sarà una perfetta liturgia, un perenne rendimento di grazie a Dio per l'infinita sapienza e l'amorosa provvidenza con cui avrà condotto al loro fine, al loro destino di beatitudine, tutte le sue creature, disponendole in modo che le une fossero per le altre messaggere del suo amore, strumento della sua potenza, segno della sua paterna, vigile presenza.

E di questa universale, perenne liturgia gli angeli continueranno a essere i ministri. Il cantico unanime dei salvati si inserirà sulla nota del canto che essi, dagli albori della creazione, non cessano di innalzare alla «gloria di colui che tutto muove».

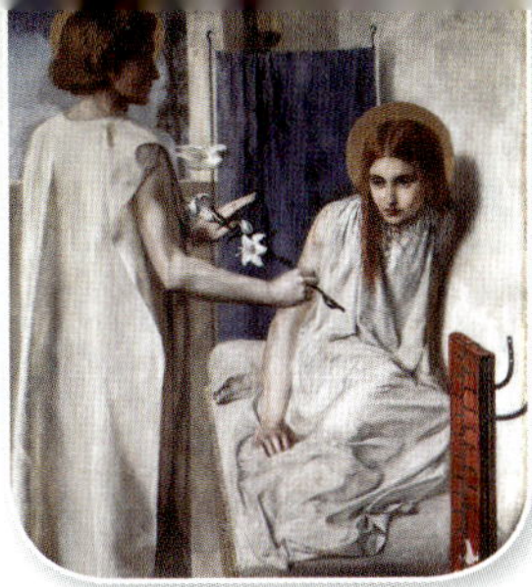

Le sorprese di Dio

(Luca 1,28-26; Matteo 1,18-25)

Tre volte al giorno i rintocchi delle campane ci fanno risentire l'eco del momento in cui l'angelo Gabriele portò l'annuncio a Maria... E sempre il cuore si raccoglie in silente preghiera, colmo di stupore, come se mai prima quell'annuncio fosse stato udito; ogni volta è come se fosse dato proprio per noi. E in effetti è così. *Di generazione in generazione* – canta Maria ricolma di Spirito Santo – *la misericordia di Dio si riversa su quelli che lo temono* (cfr. Lc 1,50).

L'angelo Gabriele fu mandato da Dio... Questo inizio, che subito ci fa volgere lo sguardo del cuore al cielo, rievoca, a chi ha familiarità con la liturgia, la bellissima antifona gregoriana per il *Benedictus* del 20 dicembre, ormai in prossimità del santo Natale. L'angelo Gabriele è mandato da Dio... Il Signore manda e l'angelo prontamente obbedisce; egli scende sulla terra recando con sé un messaggio da comunicare. Questo « invio » – che fu unico ed eccezionale per la Vergine Maria – si rinnova continuamente da parte di Dio verso la Chiesa e ognuno di noi. C'è sempre un evento nuovo nella nostra vita e nella storia, perché la nostra esistenza è avvolta dalla grazia del Signore. Siamo sempre oggetto della divina misericordia e sempre, quindi, chiamati per nome, interpellati per una missione. All'alba di ogni nuovo giorno, al culmine della giornata, al calar della sera viene a noi l'angelo Gabriele. Il suo nome significa « forza di Dio », quasi a farci intendere che insieme all'annuncio della missione porta in dono anche la forza per compierla.

Prima di svelare il segreto messaggio dell'angelo, il Vangelo registra con precisione anche il luogo dell'evento e i nomi delle persone coinvolte. L'angelo Gabriele fu inviato « in una città della *Galilea*, chiamata *Nazaret* ». Dire *Galilea* significa dire una regione prevalentemente commerciale, crocevia di genti, terra abitata da pagani... In

quella regione, poi, Nazaret è un borgo in disparte, senza rinomanza, cosa attestata anche dal detto riportato dall'evangelista Giovanni: «Da Nazaret può venire qualcosa di buono?» (Gv 1,42). Dall'alto dei cieli l'angelo Gabriele scende così in basso. Sorprendente mistero delle scelte di Dio, che ci rincuora e nello stesso tempo ci scuote: nulla e nessuno è disprezzabile per Dio, da tutti egli si attende una generosa collaborazione al suo disegno di salvezza. Galilea e Nazaret sono anche il mio cuore, questa regione interiore di frequenti commerci, dove si innalzano idoli a tante divinità pagane, dove si incontrano e scontrano le più nobili aspirazioni con le più ignobili passioni, ma dove, nelle profondità più nascoste, è anche sempre viva l'attesa di un annuncio di salvezza, per cominciare e ri-cominciare un cammino di vera santità.

Alla porta, dunque, di quella casetta nascosta bussò l'angelo Gabriele, mandato «a una vergine, promessa sposa di un uomo della casa di *Davide*, di nome *Giuseppe*. La vergine si chiamava *Maria*» (v. 27). Dopo i luoghi, ecco i nomi che già si intrecciano in una vicenda familiare ordinaria e tranquilla, inserita nella grande storia del popolo eletto, per portare avanti, con un'esistenza umile e nascosta, orante e laboriosa, la grande attesa del Messia, il Desiderato da tutte le genti.

«Entrando da lei, disse: "Rallegrati, piena di grazia: il Signore è con te"» (v. 28).

Mentre tutta la storia di Israele – e la nostra – è un lungo, faticoso «esodo», un'uscita dalla terra di schiavitù – l'Egitto, il peccato – a Nazaret, nella piccola casa della vergine Maria, l'angelo Gabriele entra come in una *terra santa*. Ancor prima di annunciare il messaggio che reca con sé, egli invita alla gioia l'umile, ignara vergine di Nazaret chiamandola con un nome nuovo che ne svela il segreto mistero: «*Rallegrati, piena di grazia...*». Creatura formata di fragile argilla come tutti noi, Maria non conosce, però, lo sfregio del peccato, non ha portato con sé, nascendo, la dolorosa eredità della colpa originale. Scelta dall'eternità per essere Madre del Verbo incarnato, in vista della sua missione, per singolare privilegio, per pura grazia, è stata redenta in radice fin dal primo istante del suo concepimento e preservata dalla macchia originale (cfr. *Lumen gentium* 56).

Prima del peccato, Dio era solito passeggiare nel giardino dell'Eden alla brezza della sera: stupenda immagine per dire che egli aveva con la creatura umana un rapporto di profonda comunione, era «con l'uomo», era già, in certo senso, l'Emmanuele. Con il peccato questa dolce amicizia è stata ferita, infranta. Acquista così una

luce particolare anche l'ultima parte del saluto angelico: *Il Signore è con te.* Tutto, con Maria, ritorna come alle origini.

Come ha salutato Maria, così l'angelo saluta anche noi, qui e adesso, poiché già fin da allora, con Maria, eravamo tutti coinvolti nel più sconvolgente fatto della storia: « Rallegrati », dice a ciascuno, « perché il Signore ti ama e ti fa dono di se stesso; rallegrati, perché il Signore ti libera dalla triste schiavitù del peccato e ti chiama alla meravigliosa avventura della grazia ».

L'attimo di sospensione, il turbamento che Maria ebbe nel suo cuore di fronte all'inatteso saluto angelico, non fu dubbio o incredulità, ma sorpresa e stupore, quasi che quel saluto non dovesse essere rivolto proprio a lei così piccola. L'angelo allora la rassicurò, usando ancora una parola che attraversa tutto l'Antico Testamento e che, dunque, era carica di significato per il suo cuore che custodiva come tesoro prezioso ogni Parola della Legge: *Non temere, Maria!* (v. 30).

Dopo averla così rassicurata, l'angelo le svelò il messaggio che portava con sé per lei da parte di Dio: « Ed ecco, *concepirai un figlio*, lo darai alla luce e lo chiamerai Gesù. Sarà grande e verrà chiamato Figlio dell'Altissimo; il Signore Dio gli darà il trono di Davide suo padre e

regnerà per sempre sulla casa di Giacobbe e il suo regno non avrà fine» (vv. 31-33).

È il Figlio della promessa fatta ad Abramo e rinnovata di generazione in generazione. E Maria, ancor più turbata, chiese all'angelo: «*Come* avverrà questo?». Questa domanda era un'umile richiesta di spiegazione, perché per Maria c'era un impedimento all'adempiersi di quelle parole: la sua scelta di verginità: «Poiché non conosco uomo».

Di rimando, l'angelo la rassicurò svelandole le «vie di Dio» che sorpassano le «nostre vie» (cfr. Is 55,9): «Lo Spirito Santo scenderà su di te e la potenza dell'Altissimo ti coprirà con la sua ombra...» (v. 35). Le offrì anche un «segno concreto»: «Ed ecco, Elisabetta, tua parente, nella sua vecchiaia ha concepito anch'essa un figlio...» (v. 36), concludendo con una parola che fu certamente per Maria – come oggi per tutti noi – la roccia su cui fondare la fede e la speranza per sempre: «Nulla è impossibile a Dio». Maria credette e con libera e responsabile volontà rispose: «Ecco la serva del Signore: avvenga per me secondo la tua parola» (v. 38).

Con questo *sì* di Maria comincia la storia nuova dell'umanità. Per questo suo incondizionato consenso d'amore all'Amore, Dio si fa uomo e si accompagna al cammino di ogni uomo; gli svela il suo volto di Padre e

lo chiama a una profonda comunione d'amore mediante il suo Figlio.

In una sua omelia, il cardinale Montini – futuro Paolo VI – diceva: «Una parola, una sillaba di quella benedetta nostra sorella, Maria di Nazaret, che diventerà così nostra Madre spirituale e nostra Regina, aprì l'ingresso al Verbo di Dio nel mondo... Quel *fiat,* innestò l'amore salvifico di Dio nel campo umano; l'ordine celeste nell'ordine terrestre, la volontà divina nella volontà umana; e l'Incarnazione si realizzò, la Redenzione cominciò» (25 marzo 1961). Continuava poi esortandoci: «Poniamo l'orecchio alla candida, innocente voce di Maria che ancora per noi risuona: *Si faccia in me secondo la tua parola*; e nel riudire quell'umile e decisivo messaggio lasciamo che il suo esempio tracci a noi la lezione di cui maggiormente abbiamo bisogno: perché Dio si incarni nella nostra vita».

In quante situazioni concrete della nostra esistenza noi siamo invitati a dare il nostro assenso alla Parola che bussa al nostro cuore. Purtroppo, per superficialità, non ci rendiamo conto delle conseguenze di un nostro *sì* o di un nostro *no*, ma sono conseguenze incalcolabili, e non solo per noi personalmente, bensì per tutta l'umanità, persino per tutta la creazione.

Quando noi diciamo *sì* al Signore, l'angelo a noi inviato da Dio può ritornare a lui pieno di gioia. Con una partenza si conclude, infatti, il brano dell'annunciazione a Maria, come con una partenza si conclude il Cantico dei Cantici, che è per eccellenza il libro biblico dell'amore: « E l'angelo si allontanò da lei » (v. 38).

E subito ritroviamo l'angelo accanto a Giuseppe a recare anche a lui – che sta meditando nel suo cuore quale decisione prendere verso la sua promessa sposa – l'annuncio che fuga ogni dubbio e riporta la pace: « Mentre stava considerando queste cose, ecco, gli apparve in sogno un angelo del Signore e gli disse: "Giuseppe, figlio di Davide, *non temere* di prendere con te Maria, tua sposa. Infatti il bambino che è generato in lei viene dallo Spirito Santo; ella darà alla luce un figlio e tu lo chiamerai Gesù: egli infatti salverà il suo popolo dai suoi peccati » (Mt 1,20-21).

Dio, che per introdurre il suo Figlio nel mondo, scelse l'umile Vergine di Nazaret, pone ora accanto a lei un uomo umile e buono che ha l'orecchio del cuore attento a quanto l'angelo del Signore gli suggerisce: Giuseppe, un modesto carpentiere della stirpe di Davide. Egli accetta di fare un servizio del tutto gratuito alla Vergine Madre e al Figlio, al quale, con legale autorevolezza paterna,

imporrà il nome indicato dall'angelo che esprime la missione di salvezza. Giuseppe è l'uomo di cui ci si può fidare sempre; e Dio si fida pienamente di lui chiamandolo al compito del tutto singolare di essere a capo di una famiglia costituita unicamente sulla grazia della perfetta castità, sull'amore totalmente gratuito, su un *fiat* che apre le porte all'onnipotenza creatrice di Dio. Sì, perché anche Giuseppe, come Maria, crede che nulla è impossibile a Dio. E questa sarà per lui la chiave di lettura per leggere con fede ogni successivo evento riguardante la vita della famiglia di Nazaret, dalla salita a Betlemme, alla fuga in Egitto, all'angosciosa ricerca di Gesù a Gerusalemme e a tutto quello che dopo avvenne.

Che cosa può significare oggi, per noi, l'adorante silenzio di Maria dopo lo sconvolgente annuncio dell'angelo e il silenzioso consenso di Giuseppe pronto a riconoscere legalmente come « proprio » quel figlio che veniva solo da Dio? Siamo davanti a un servizio alla Vita che non conosce limiti e che trae forza e gioia proprio dalla casta oblatività dell'amore. Ci è dato di contemplare un grande mistero, di apprendere il segreto della santità. Il silenzio dell'umile amore diventa spazio tutto abitato dall'Emmanuele – Dio-con-noi – che vuole nascere nel cuore di ogni uomo. Accogliere e generare il Verbo nello spirito è la prerogativa, dopo Maria, di tutta la Chiesa e di ogni anima credente. Ciò comporta che si diventi assidui ascoltatori della Parola, che si offra alla Parola un cuore puro, vergine, non contaminato dalle tante parole che si svendono sul mercato comune, quelle parole usurate, svuotate di senso, spesso portatrici di menzogna e di morte.

La maternità di Maria è davvero anche la nostra vocazione permanente; se la viviamo matura dentro di noi la « nuova creatura ». È perciò necessario affinare i nostri sensi interiori per saper udire gli annunci che sempre il Signore ci manda mediante i suoi angeli.

O Maria, Vergine di Nazaret,
tu accogliesti con gioia
nel silenzio della tua dimora
l'annuncio dell'angelo inviato dal cielo
e divenisti Madre del Verbo della Vita.
Insegna anche a noi il segreto dell'umile ascolto
dei messaggeri che il Signore ci manda,
e fa' che sempre ci teniamo pronti
all'« eccomi » della piena adesione
a ogni divino volere.
Amen.

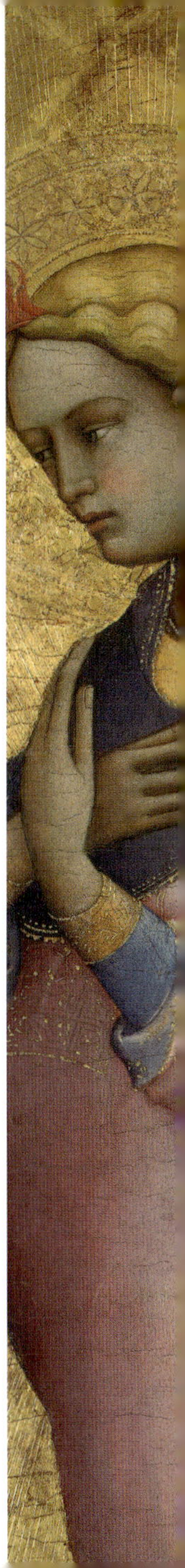

Vi annuncio una grande gioia

Mentre Maria e Giuseppe erano in viaggio per il censimento indetto da Cesare Augusto, nel silenzio della notte, in una capanna della campagna di Betlemme – non essendoci posto per loro nell'albergo – Maria « diede alla luce il suo figlio primogenito, lo avvolse in fasce e lo pose in una mangiatoia » (Lc 2,7). Nasce così colui del quale l'angelo aveva detto: « Sarà santo e sarà chiamato Figlio di Dio » (Lc 1,35). Meraviglioso mistero!

Colui che trascende il tempo e lo spazio, colui che non ha né principio né fine, si riveste di carne mortale, si degna di nascere da una donna, per poter morire la nostra morte e riconciliarci con Dio, per renderci partecipi della sua vita filiale nel rapporto con l'eterno Padre.

Nella Notte Santa si rivela il mistero dell'umile amore di Dio, da cui procede ogni amore che sia veramente dono. Ma chi mai potrà capire tutta la portata del realismo di questo evento? Chi mai potrà conoscere e narrare lo stupore di tutto l'universo davanti al Creatore che si fa creatura?

Il Vangelo ci dice che i primi a ricevere l'annuncio della nascita del Messia furono i pastori, che *vegliavano nella notte* sulle loro greggi. In Israele i pastori erano persone povere e umili, lasciate ai margini della società, poco considerate, anzi, spesso anche denigrate. Proprio a loro si presentò un angelo del Signore e al suo apparire «la gloria del Signore li avvolse». Le loro modeste persone si trovarono come rivestite di luce. Un grande timore li invase: sacro timore di chi, piccolo e povero, si sente reso partecipe di un grande, fascinoso mistero. Ma proprio il loro attonito silenzio diventò lo spazio privilegiato in cui l'angelo poté deporre il lieto annuncio per cui era stato inviato: «Non temete: ecco, vi annuncio

una grande gioia, che sarà di tutto il popolo: oggi, nella città di Davide, è nato per voi un Salvatore, che è Cristo Signore» (Lc 2,10-11). E dopo l'annuncio, l'angelo diede loro – come era stato dato anche a Maria – un «segno»; essi troveranno un bambino avvolto in fasce, deposto in una mangiatoia.

Mentre i pastori, attoniti, stavano per avviarsi verso la capanna, con crescente stupore videro e sentirono non più uno solo, ma una moltitudine di angeli che cantavano: «E subito apparve con l'angelo una moltitudine dell'esercito celeste...» (Lc 2,13). È stato detto che gli angeli, quando videro il Figlio dell'uomo scendere sulla terra, si dissero l'un l'altro in pieno accordo: «Scendiamo anche noi!» e si precipitarono in volo sulla terra, per servirlo e con lui servire gli uomini. Ed ecco, il primo servizio fu la lode. Il coro angelico, infatti, «lodava Dio e *diceva*: "Gloria a Dio nel più alto dei cieli e sulla terra pace agli uomini, che egli ama"» (Lc 2,14). Per gli angeli «dire» è cantare. E da allora quel canto, di bocca in bocca, di generazione in generazione, non è più cessato sulla terra, anzi, si è arricchito di sempre nuove melodie, di nuovi accenti di gioia, anche nei più rigidi inverni – della persecuzione e dell'ateismo – non cessò di risuonare portando speranza e luce nelle tenebre del

mondo. « Voce di letizia – commenta san Bernardo – è risuonata sulla nostra terra; voce di esultanza e di salvezza per i peccatori. Si è udita la parola buona, la parola di consolazione, piena di giubilo, degna di essere accolta da tutti. Che cosa si può annunciare di più dolce, che cosa si può narrare di più lieto? Ha forse mai udito il mondo tal cosa, o anche lontanamente simile? » (Bernardo di Chiaravalle, *Discorsi sul Natale* I,1).

No, mai, da quando il peccato aveva allontanato l'uomo dal paradiso. Ora la terra torna a essere, con il dono della Pace che è Gesù stesso, regno di Dio, sua dimora, in cui egli di nuovo scende per conversare e camminare con gli uomini fino a riportarli in cielo.

All'udire l'annuncio angelico i pastori si dicono l'un l'altro, quasi sostenendosi e incitandosi nella fede: « Andiamo dunque fino a Betlemme, vediamo questo avvenimento che il Signore ci ha fatto conoscere ». Andiamo anche noi! Betlemme, casa del pane, è la realtà del quotidiano, Betlemme è ogni nostro prossimo, è saper vedere Gesù nel cuore di

ogni fratello; Betlemme è ogni situazione di povertà colmata di grazia divina... Affrettiamoci! Se accorriamo con fede e con umiltà, certamente troveremo Gesù che ci sorride e Maria che ce lo mette in braccio. Questa è la grande gioia, la gioia pura del Natale, gioia che ora ha un volto e un nome: Gesù, nostra salvezza.

Il Natale è questa semplice e straordinaria realtà: è il Figlio di Dio, che viene nel mondo come Salvatore e inaugura il Regno della vita e dell'Amore, della giustizia e della pace. Ma egli non opera da solo. Nessuno pensi di non essere tra gli «amati» dal Signore e, perciò, da lui chiamati a diffondere la buona notizia del Vangelo. Gli angeli ci scuotono; occorre, quindi, svegliarsi dal torpore dell'indifferenza e aprirsi ad accogliere il dono della Vita con fede schietta e con spirito di gratitudine; occorre ritrovare uno stile di vita semplice, povero, che lasci spazio alla gratuità dell'amore, a un amore concreto che si fa servizio. Ricevuto l'annuncio dagli angeli, i pastori si fanno a loro volta «angeli» per tutti coloro che incontrano ancora immersi nelle tenebre.

Nel suo profondo scritto *Il mistero del Natale*, Edith Stein – quasi presagendo la tragedia imminente dell'olocausto ad Auschwitz – scriveva: «Dov'è il

giubilo delle schiere celesti? Dov'è la pace in terra?... Alla luce, che è discesa dal cielo, si oppone tanto più cupa e inquietante la notte del peccato... Di fronte al Bambino nella mangiatoia gli spiriti si dividono... Egli pone anche noi di fronte alla decisione di scegliere tra la luce e le tenebre» (Queriniana, Brescia 1999, pp. 26-29, *passim*).

La festa del Natale non è folclore, non è neppure la rievocazione di una bella storia antica: essa ci dice che *oggi* Gesù è nato per essere la nostra salvezza e la nostra pace. Sta a noi accoglierlo o rifiutarlo.

Il Verbo Incarnato, che era presso Dio e che ora è l'Emmanuele, il Dio-con-noi, ci offre la possibilità di passare dalle tenebre alla luce, di allontanarci dalla nostra oscurità per ritornare a colui che per amore ci ha creati e dal quale per la nostra superbia ci siamo allontanati.

Il punto centrale del cristianesimo sta proprio qui: è l'avventura di un Dio che si abbassa, che si fa Pastore per cercare l'uomo, pecorella smarrita, affinché l'uomo possa ritrovare Dio del cui Volto sente ardente nostalgia. È l'avventura di un Dio che non disdegna di percorrere tutte le tappe dell'umana esistenza, dalla nascita alla

morte. Come tutti i neonati Gesù piange, ha fame, ha freddo, ha sonno e si addormenta in braccio alla mamma. Subisce inoltre la persecuzione e il disagio di una famiglia profuga in Egitto. Sono gli angeli a sollecitare in sogno Giuseppe a emigrare con Maria e il Bambino in terra d'Egitto, per sfuggire alla strage degli innocenti ordinata dal re Erode allo scopo di sopprimere il nato Messia ritenuto un rivale (cfr. Mt 2,13-18); sono ancora essi, cessato il pericolo, a suggerire a Giuseppe di ritornare: «Alzati, prendi con te il Bambino e sua Madre e va' nella terra d'Israele» (Mt 2,20).

Intanto Gesù cresce, comincia a camminare facendosi tenere per mano, comincia a parlare, a imparare a leggere, a lavorare... Possiamo pensarlo tra gli altri bambini di Nazaret a giocare nel cortile, nei prati, vederlo adolescente tra gli adolescenti nella sinagoga ad ascoltare la Torah e a cantare i salmi. E in tutti questi passi del suo cammino sulla terra, silenziosamente, gli angeli, invisibili ma presentissimi, stanno al suo servizio che è servizio in vista dell'opera della redenzione, quindi – mirabile a dirsi! – a servizio della fragile creatura umana. Sono sempre gli angeli ad accompagnarlo, a custodirlo, a consolarlo, fino alla fine, fino a introdurlo di nuovo nel regno dei cieli, cantando la gloria della sua risurrezione.

O Dio, Eterno Padre
che sempre rinnovi per noi
l'evento del Natale
del tuo amatissimo Figlio,
fa' che il nostro cuore sia pronto
ad ascoltare l'annuncio degli angeli,
per unirsi ad essi
nel cantare in coro la grande gioia
che Tu sempre ci doni
perché ci ami,
immensamente,
gratuitamente,
eternamente.
Amen.

Gli angeli del deserto

Dal silenzio operoso di Nazaret, dove in seno alla sacra Famiglia il Figlio di Dio è cresciuto « in sapienza, età e grazia davanti a Dio e agli uomini », il Vangelo ci porta alle rive del Giordano. Qui ritroviamo Gesù che, ormai trentenne, si mescola con la folla dei peccatori per ricevere il Battesimo di penitenza da Giovanni Battista. Nuovo e più profondo « abbassamento » del Cristo che, dopo aver nascosto la propria gloria nell'umiltà della carne umana, ora si fa

solidale con l'uomo fino ad assumerne il peccato. Ma in questo « abbassamento » avviene un'ulteriore *manifestazione* della sua divinità: lo Spirito Santo scende visibilmente su di lui in forma di colomba e il Padre dal cielo fa udire la sua voce indicandolo quale Figlio del suo compiacimento. È l'investitura che apre il suo ministero pubblico; esso richiede, però, un « apprendistato », un « tempo di deserto ».

« *Subito* lo Spirito lo sospinse nel deserto » (Mc 1,12). Qui rimase quaranta giorni « per essere tentato dal diavolo » (Mt 4,1). È molto importante lo scopo per cui Gesù è spinto nel deserto; esso indica che, nel sapiente piano di Dio, anche la tentazione ha un fine di bene; sostenuta con fortezza, non è un ostacolo che intralcia il cammino, ma un'esperienza in cui si è temprati dalla grazia. Il legame tra Battesimo e tentazione è strettissimo: la vita cristiana è vita di tentazione e di combattimento per vincere lo spirito del male con la forza attinta da Dio e irrobustirsi nella fede.

Prima di iniziare la predicazione del Vangelo e l'annuncio del Regno, Gesù affronta, dunque, a viso aperto il tentatore nel luogo che è per antonomasia la sua « patria » – il deserto – ma che è anche il luogo privilegiato per entrare in dialogo con Dio (cfr. Os

2,16ss). Ancor prima che un luogo fisico, il deserto è una dimensione dello spirito; è una realtà che affascina e insieme sgomenta; si presenta come un'assoluta nudità ed essenzialità che non lascia via di scampo, eppure dal deserto il grido della preghiera sale al cielo più vivo e penetrante. È questa l'ambivalenza del deserto. Da come uno vi entra e lo vive, si trasforma non solo per lui, ma anche per molti insieme con lui, luogo di morte o di vita, essendo la vita cristiana solidale con tutti i fratelli e con tutte le creature.

Nella solitudine del deserto, Gesù stesso non era completamente solo: « Stava con le bestie selvatiche e gli angeli lo servivano » (Mc 1,13), aveva tutta l'umanità nel cuore ed era in comunione con tutto il creato; era soprattutto sostenuto dall'aiuto del Padre che si manifestava nella silenziosa e invisibile, ma reale, presenza degli angeli che gli prestavano il prezioso servizio della preghiera, in quei lunghi quaranta giorni in cui il diavolo senza sosta e con sempre nuove insidie cercava di allontanarlo dalla sua missione.

La storia sacra d'Israele è fortemente segnata dall'esperienza del deserto, a partire dal cammino di quarant'anni dell'esodo, quando gli ebrei vennero tratti fuori dalla schiavitù d'Egitto – altra forma di *deserto* – e

condotti alla terra promessa, nuovo *eden* dove scorrono latte e miele (cfr. Es 3,8). Durante questi quarant'anni di cammino nel deserto, Israele, messo alla prova nella fede, ripetutamente si dimostrò infedele fino a rimpiangere le ricchezze (le cipolle!) lasciate in Egitto. Mormorazione, ribellione e persino apostasia furono la sconcertante reazione degli israeliti sottoposti alla prova purificatrice del deserto... Eppure la scelta di Dio, sapiente e senza pentimento, alla fine si manifestò necessaria e veramente provvidenziale.

Entrando nel deserto sospinto dallo Spirito, con animo filiale, Gesù compie fedelmente, quale nuovo Israele, il cammino nel quale l'antico Israele aveva ripetutamente ceduto alle tentazioni. Nel deserto, dunque, egli intraprende un itinerario che si potrebbe dire catecumenale, per ricevere, dopo il battesimo di penitenza, anche il battesimo di sangue, l'immersione nel dolore della croce. A differenza del popolo eletto, egli « tenne duro » nel combattimento contro il diavolo che lo aggrediva in vari modi.

Vinse la tentazione della fame preferendo il pane della parola di Dio al cibo materiale; vinse la tentazione della potenza affidandosi umilmente con fiducia al Padre; vinse la tentazione dell'idolatria rifiutando l'adorazione

a satana. A un certo punto, il diavolo nella sua perfidia arrivò a chiamare in causa anche gli angeli: portando Gesù in visione sul punto più alto del tempio, gli disse: «Se tu sei Figlio di Dio, gettati giù; sta scritto infatti: *Ai suoi angeli darà ordini a tuo riguardo ed essi ti porteranno sulle loro mani, perché il tuo piede non inciampi in una pietra*» (Mt 4,5). Ma Gesù, con il giusto sostegno degli angeli, smascherò apertamente l'avversario: «Non metterai alla prova il Signore Dio tuo» (Mt 4,6).

Tutti i suoi «no» al tentatore erano un «sì» alla volontà del Padre. Per questi *sì* il deserto poté fiorire nella grazia; il tentatore venne estromesso e il canto di lode continuò a risuonare nel grande silenzio.

Il vero senso del deserto – non solo quello esteriore, ma anche quello interiore – è proprio quello che gli è stato dato da Gesù Cristo. Non è un egoistico e individualistico separarsi dagli uomini, ma un caricarsi dell'uomo per farlo passare dalla morte alla vita. Un viaggio di fede e di obbedienza per costituire un popolo credente nell'unico vero Dio, un'umanità fraterna, riconciliata con il prossimo e in armonia con il creato.

Fin dagli inizi del cristianesimo in seno alla Chiesa si verificò il fenomeno carismatico del radicalismo cristiano, che è la vita monastica. Tipica è la vocazione di Antonio

il grande che, obbedendo prontamente a una parola del Vangelo, lasciò tutto e si ritirò nel deserto inoltrandovisi sempre di più fino a raggiungere un monte altissimo alle cui pendici scorreva acqua dolce e freschissima creando una piccola oasi di palme. Come ispirato da Dio, amò quel luogo e lo considerò porta del cielo e posto di sentinella per vegliare sui fratelli in cammino sulle strade infide del mondo.

Il deserto fu per lui – come per ogni monaco – luogo di purificazione, dove affrontò in prima linea la dura lotta delle tentazioni. Come Gesù, anche Antonio era assistito dagli angeli. Molto significativo un apoftegma che ci ritrae il grande padre del deserto in un momento di acuto sconforto, perché assalito dal demone dell'accidia. Infatti si racconta: « Un giorno il santo abba Antonio, mentre dimorava nel deserto, fu preso da scoraggiamento e da grande tenebra nei pensieri. E diceva a Dio: "Signore, voglio essere salvato, ma i pensieri me lo impediscono. Che potrò fare nella mia afflizione? Come posso essere

salvato?". Sporgendosi un poco, Antonio vide un altro come lui, che stava seduto e lavorava, poi si alzava dal lavoro e pregava, poi di nuovo si sedeva e intrecciava la corda, e di nuovo si alzava per pregare. Era un angelo del Signore inviato a correggere Antonio [che si dedicava solo alla preghiera unita a un'ascesi troppo severa] e a rassicurarlo. E udì l'angelo che gli diceva: "Fa' così e sarai salvo". Come udì queste parole, fu preso da grande gioia e coraggio. Così fece e si salvò » (*Antonio 1*, Syst. VII,1).

Anche il racconto delle tentazioni di Gesù nel deserto termina, nella versione dell'evangelista Matteo, con queste parole: « Allora il diavolo lo lasciò » – perché aveva esaurito ogni tentazione, specifica Luca (cfr. Lc 4,13) – « ed ecco, degli angeli si avvicinarono a Gesù e lo servivano » (Mt 4,11), gli rendevano quel servizio di lode, di rendimento di grazie e di adorazione che sempre è dovuto a colui che è il Signore del cielo e della terra, ma che, per amore, si fa piccolo e povero, si sottopone alla prova, si umilia per riscattare dalla schiavitù del male e della morte la creatura umana caduta nell'inganno del diavolo.

Si potrebbe anche dire che Gesù andò nel deserto a cercare in quelle desolate solitudini la pecorella smarrita... E dal deserto uscì portandosela sulle spalle. Così si avverò allora la bella immagine dell'antica Legge: « Egli lo trovò

in terra deserta, / in una landa di ululati solitari. / Lo educò, ne ebbe cura, lo allevò, / lo custodì come pupilla del suo occhio. / Come un'aquila che veglia la sua nidiata, / che vola sopra i suoi nati, / egli spiegò le ali e lo prese, / lo sollevò sulle sue ali» (Dt 32,10-11).

L'immagine delle ali di Dio – i suoi angeli – è tra le più belle e delicate di tutte le immagini bibliche. L'esperienza aspra e paurosa della solitudine si trasforma, allora, nell'esperienza della più tenera e rassicurante tenerezza di Dio che si fa vicino a noi mediante i suoi celesti messaggeri e il suo stesso Figlio. Il deserto si fa perciò amico; da campo di battaglia si trasforma, grazie alla vittoria riportata dal Cristo, in tempio della gloria di Dio.

Dall'antichità fino a oggi, la Chiesa addita come modello per tutti i cristiani la spiritualità del deserto quale forma radicale di vita santa. Essa richiede un distacco totale cui seguono sofferenza, tentazioni, tribolazioni di ogni genere, ma il frutto corrisponde a così alto costo, poiché proprio attraversando tutte le prove del deserto si acquista la vera libertà, si acquisisce la vera sapienza, la purezza di cuore; si scopre la bellezza del silenzio, della pace, della preghiera, della contemplazione. Soprattutto si cresce nell'umile, santo amore. Allora il canto angelico

della notte santa diventa vita quotidiana, nella lode divina e nella vita fraterna; in una parola, si pregusta un anticipo del paradiso.

Questa esperienza non è esclusiva di pochi privilegiati: è possibile anche a chi vive nel mondo, in condizioni di vita spesso così dure, da avere il volto della solitudine e dell'angoscia. Pure in piena città – nelle frenetiche metropoli del nostro tempo – si può vivere la dimensione spirituale del deserto e, in forza della carità e della preghiera dei monaci, solidali con tutti i fratelli, ritrovare nel cuore il vero giardino paradisiaco, dove la preghiera è immersione nel mistero di Dio-comunione d'amore e dove il silenzio è altissima e dolcissima lode. Allora si sperimenta che là dove il nemico si fa presente per turbare, schiere di angeli si rendono presenti per difendere e consolare.

Signore Gesù
che, sospinto dallo Spirito,
sei entrato nel deserto
per essere tentato
ed essere così in tutto solidale con noi
sempre assediati dal subdolo tentatore,
soccorrici con la forza del tuo Santo Spirito
e mandaci schiere di angeli,
affinché da ogni spirituale combattimento
usciamo liberi e vittoriosi.
A te la lode e la benedizione
nei secoli dei secoli.
Amen.

Gli angeli custodi

Con l'inizio del suo ministero pubblico, la presenza degli angeli nella vita di Gesù, così viva negli eventi dell'infanzia, si fa silenziosa; essi si renderanno sensibilmente presenti nell'ora conclusiva: nell'agonia del Getsemani e poi nella gloriosa risurrezione e ascensione al cielo.

Tuttavia gli angeli non sono assenti nelle pagine evangeliche, perché di loro Gesù stesso parla più volte, lasciando così intuire che sente la loro vicinanza e tiene

in grande valore il loro servizio. Attraverso le sue parole ci offre quasi un ritratto di questi esseri invisibili, a lui sottomessi e solleciti del bene dell'uomo.

Proprio all'inizio della vita pubblica, quando comincia a chiamare a sé i primi discepoli, Gesù ha un vivace dialogo con Natanaele, uno schietto israelita in cerca della verità (cfr. Gv 1,47). Questi, sentendosi conosciuto nell'intimo dal nuovo «Maestro» apparso sulle vie della Palestina, passa dall'iniziale scetticismo all'entusiastica professione di fede: «Rabbì, tu sei il Figlio di Dio, tu sei il Re d'Israele!» (Gv 1,49). In risposta Gesù, a sua volta stupito della pronta «resa» del suo interlocutore, gli dichiara solennemente che vedrà «cose più grandi»: «In verità, in verità io vi dico: *vedrete il cielo aperto e gli angeli di Dio salire e scendere sopra il Figlio dell'uomo*» (Gv 1,51). Per un israelita come Natanaele, che conosceva le Scritture, era chiarissimo il richiamo al sogno di Giacobbe, quando il Signore gli apparve e strinse alleanza con lui: «Fece un sogno: una scala poggiava sulla terra, mentre la sua cima raggiungeva il cielo; ed ecco, gli angeli di Dio salivano e scendevano su di essa. Ecco, il Signore gli stava davanti e disse: "Io sono il Signore, il Dio di Abramo, tuo padre, e il Dio di Isacco. A te e alla tua discendenza darò la terra sulla quale sei coricato. La tua discendenza

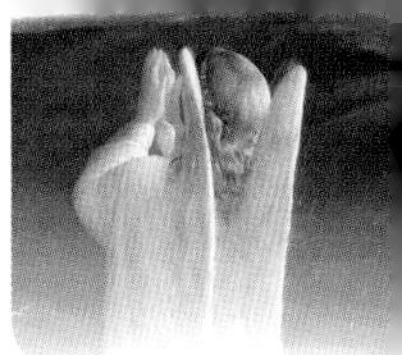

sarà innumerevole come la polvere della terra...". Giacobbe si svegliò dal sonno e disse: "Certo, il Signore è in questo luogo e io non lo sapevo". Ebbe timore e disse: "Quanto è terribile questo luogo! Questa è proprio la casa di Dio, questa è la porta del cielo"» (Gen 28,12-14.16-17).

Con il riferimento al sogno di Giacobbe, Gesù rivela il senso della sua missione sulla terra: riaprire all'uomo la via del cielo, offrire all'uomo una nuova alleanza con Dio, perciò un nuovo orizzonte di speranza in questa terra di dolore. Bisogna imparare a vedere – diceva Benedetto XVI commentando questo brano evangelico – in ogni evento della nostra vita e della storia una scala ben piantata sulla terra, ma che sale sino al cielo. E saper anche, nel cielo aperto, contemplare il Figlio dell'uomo, il Signore Gesù Cristo crocifisso e risorto dalla morte. Se non ci aggrappiamo a questa scala, la nostra esistenza imbocca la via di «molti che, credendosi degli dei, pensano di *non aver bisogno di radici, né di fondamenti che non siano essi stessi*. Desidererebbero decidere solo da sé ciò che è verità o no, ciò che è bene o male, giusto e ingiusto; decidere chi è degno di vivere o può essere sacrificato sull'altare di altre prospettive... Queste tentazioni sono sempre in agguato. È importante non soccombere ad esse, perché, in realtà, *conducono a un'esistenza senza orizzonti, una libertà senza Dio*» (Benedetto XVI, Madrid, 18 agosto 2011).

Questa scala percorsa dagli angeli in discesa e ascesa, ossia da Dio all'uomo e dall'uomo a Dio, è diventata simbolo, nella vita cristiana, del necessario cammino di umiltà e di elevazione che l'uomo deve compiere nel pellegrinaggio terreno per far ritorno a Dio. San Benedetto, nella sua *Regola*, proponendo la scala dell'umiltà a fondamento della vita monastica, rievoca l'aspra lotta avvenuta in cielo tra gli angeli superbi che hanno reclamato la propria indipendenza dal Creatore e gli angeli umili che sono rimasti sottomessi a Dio e al suo servizio. In questa prospettiva, ecco l'invito a salire la scala scendendo con l'umiltà, per raggiungere la vetta dell'amore.

Attraverso questa scala gli angeli – come disse in un'omelia Benedetto XVI – « portano Dio agli uomini. Proprio perché sono presso Dio, possono essere anche molto vicini all'uomo. Gli angeli parlano all'uomo di ciò che costituisce il suo vero essere, di ciò che nella sua vita tanto spesso è coperto e sepolto. Essi lo chiamano a rientrare in se stesso, toccandolo da parte di Dio ». E concludeva: « In questo senso anche noi esseri umani dovremmo sempre di nuovo diventare angeli gli uni per gli altri – angeli che distolgono da vie sbagliate e orientano sempre di nuovo verso Dio » (29 settembre 2007).

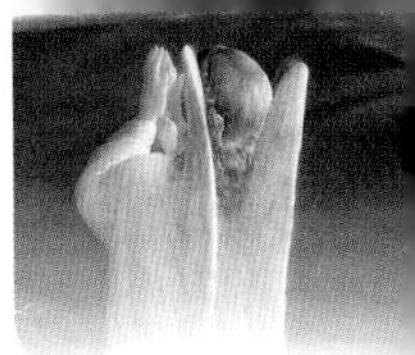

La tradizione patristica ha particolarmente insistito sulla missione dell'angelo in ordine alla vita spirituale del cristiano; perciò lo ha presentato soprattutto quale suscitatore di buone ispirazioni, difensore contro le tentazioni e le insidie diaboliche, ammonitore della coscienza colpevole per indurla alla penitenza e alla riconciliazione con Dio e con i fratelli. In questo senso gli attribuisce spesso anche il titolo di «angelo della penitenza» e di «angelo della pace».

Che gli angeli custodi e tutti gli angeli abbiano a cuore la salvezza e la felicità degli uomini, collaborino ad essa e se ne rallegrino quando viene realizzata, ce lo dice Gesù stesso nelle parabole della misericordia, descrivendo la gioia della donna che, trovata la sua dramma smarrita, chiama tutte le sue amiche e le vicine di casa a far festa con lei: «Così, io vi dico, vi è gioia davanti agli angeli di Dio per un solo peccatore che si converte» (Lc 15,10). È stupendo pensare che ognuno è quel peccatore che può, con la propria conversione, aggiungere una nota di gioia alla festa del paradiso!

Ed è proprio in un contesto di «conversione» che Gesù torna a parlare degli angeli all'interno del «discorso ecclesiale» del Vangelo secondo Matteo. I discepoli si avvicinano al Maestro per chiedergli chi è il più grande nel regno dei cieli. Allora Gesù, preso un bambino, lo mette nel mezzo e lo addita come modello per chi vuole entrare nel regno dei

cieli. Quindi pronunzia alcuni severissimi moniti contro chi, con una depravata condotta di vita, scandalizza i piccoli: «Guardate di non disprezzare uno solo di questi piccoli, perché io vi dico che *i loro angeli nei cieli vedono sempre la faccia del Padre mio che è nei cieli*» (Mt 18,10).

Nello svolgimento del loro compito presso gli uomini gli angeli, dunque, non sono distratti dalla contemplazione di Dio. Al contrario il loro sguardo è sempre rivolto al Padre (cfr. Mt 18,10). Questo loro atteggiamento costituisce per gli stessi uomini una forza di attrazione verso le realtà celesti, uno stimolo alla preghiera e all'adorazione. L'angelo «custode» è quindi in modo speciale considerato l'«angelo della preghiera», colui che guida l'anima al dialogo con Dio, che prega con essa, che ne presenta le suppliche al cospetto di Dio. Egli costituisce per il cristiano, oltre che una protezione e una guida, anche un modello da imitare. La santità degli uomini, infatti, tende a conformarsi a quella angelica per il fatto che gli angeli sono, a loro volta, un riflesso purissimo della bellezza e santità di Dio. Serafino di Sarov – il grande mistico di quella che fu la santa Russia – diceva: «Il silenzio avvicina l'uomo a Dio e lo rende sulla terra simile agli angeli. Sii vigilante e perseverante nel silenzio; ricerca con tutte le tue forze l'unione con il Signore; allora il Signore farà di te, che sei

un uomo, un angelo sulla terra» (*Vita e insegnamenti degli staretz della santa Russia*, Gribaudi, Milano 1984, p. 152).

Tale somiglianza diverrà tanto più grande ed evidente quanto più saremo trasfigurati a immagine di Cristo risorto: «Alla risurrezione», dice ancora Gesù, «non si prende né moglie né marito, ma si è come angeli nel cielo» (Mt 22,10). Non si tratta, ovviamente, di un cambiamento di natura, ma di una purezza e spiritualizzazione che si estenderà anche al corpo.

La somiglianza del cristiano con l'angelo, che non può realizzarsi sul piano della natura, può avverarsi quanto al servizio e alla virtù. Come gli angeli, i cristiani sono chiamati a offrire a Dio un culto analogo a quello degli angeli – in spirito e verità – e così pure possono farsi strumenti della benevolenza di Dio verso i loro simili, rendendosi reciprocamente, con gioia, quei servizi «angelici» che sono i gesti di carità, le manifestazioni di rispetto, la ricerca della pace e ogni altra attenzione d'amore rispondente ai vari bisogni e circostanze.

Tutte le funzioni dell'angelo possono riassumersi in quell'essenziale missione, per la quale il Cristo ha dato a Giovanni Battista il bel titolo di «angelo» (cfr. Mt 11,10). È la missione di «precursore» che consiste nell'indicare alle anime la via all'incontro con Cristo-Sposo, suggerendo tutto ciò che gli è gradito e lo onora. È ancora Gesù a dirci che gli angeli lo accompagneranno nella sua venuta gloriosa; anzi, che saranno proprio loro ad annunciarlo con squilli di tromba e, risvegliando i morti, raduneranno i popoli in assemblea plenaria per il giudizio universale, di cui saranno, al cenno di Cristo, gli esecutori (cfr. Mt 24-25). Se stiamo attenti ai suggerimenti degli angeli custodi, diventiamo anche sempre più consapevoli e memori di essere cittadini del cielo, pellegrini e stranieri sulla terra, in cammino verso la patria celeste.

O Dio, Padre buono,
Tu hai affidato tutti i tuoi figli
alla premurosa custodia degli angeli
che hai messo al servizio del Cristo tuo Figlio
quali collaboratori dell'opera di salvezza.
Ti preghiamo, rendici docili alla loro guida
accogliendo con gratitudine e gioia
la loro amabile compagnia.
E fa' che anche noi, animati di amore fraterno,
sappiamo imitarli nella benevolenza
prendendoci cura gli uni degli altri.
Amen.

L'angelo consolatore

Tutti e quattro gli evangelisti concordano nell'affermare che dopo l'ultima cena Gesù si recò, come era solito fare, al di là del Cedron, nell'Orto degli ulivi, per pregare.

Gesù uscì « nella notte », simbolo dell'oscuramento della verità, del potere del principe delle tenebre, della morte. Colui che è la Vita e la Luce entrò, dunque, nell'oscurità per affrontare la lotta suprema contro il maligno. Notte di solitudine, notte di agonia, in cui

fu in atto al massimo grado il mistero d'iniquità. Era l'ora, preannunciata da Gesù stesso, del principe delle tenebre...

Quante di queste notti ci sono ancora nel mondo! In esse vengono concepiti e consumati i più atroci delitti, le più ignobili violenze contro l'uomo e contro Dio. Gesù vi entrò per superarla e per inaugurare il nuovo giorno di Dio nella storia dell'umanità.

Egli si inoltrò nell'oscurità per pregare, come Figlio, il suo amato Padre. Ma, diversamente dal solito, volle avere vicino a sé tre discepoli: Pietro, Giacomo e Giovanni, gli stessi che aveva chiamato con sé anche sul monte della Trasfigurazione. Avvicinandosi la sua « ora », Gesù sentì la necessità del loro sostegno, del loro conforto, perché l'anima sua era « triste fino alla morte ». Si incamminò con loro cantando i salmi dell'*Hallel* pasquale, ma a un certo punto disse loro: « Sedetevi *qui*, mentre io vado *là* a pregare... *Restate* qui e *vegliate* con me » (Mt 26,36-37).

In quel momento, Gesù passò una frontiera che gli apostoli non potevano varcare. Ora era solo. David Maria Turoldo, dando voce a tutte le solitudini del cuore umano, cantò con accenti fortissimi il dolore di quella notte d'agonia: « Anche Tu inoltrandoti ormai nella Notte,

solo, assenti i tuoi o lontani, gravati gli occhi dal sonno; solo anche tu con la mole del mondo sul cuore; solo, sotto la cupa volta del cielo, un cielo ancor più assente e sordo e lontano; e la Notte nera, via via ancor più nera...; anche Tu, solo: solo uomo, perfettamente uomo, pienezza di umanità... Perfino gli olivi piangevano quella Notte, e le pietre erano più pallide e immobili, l'aria tremava tra ramo e ramo quella Notte».

In quella solitudine, allontanatosi quasi il tiro di un sasso, Gesù cadde faccia a terra e pregava, dicendo: «Padre mio, se è possibile, passi via da me questo calice! Però non come voglio io, ma come vuoi tu!».

Poi si rialzò, tornò dai tre discepoli e li trovò addormentati, perché appesantiti dalla tristezza, incapaci di *vegliare* con lui. Eppure li aveva condotti fin là proprio per quello, quasi come suoi speciali angeli consolatori. Nella loro estrema debolezza, però, a loro modo i tre hanno partecipato all'agonia del Maestro. La loro stessa incapacità a stare svegli vicino a Gesù, a confortarlo nella sua angoscia, a toglierlo dalla sua solitudine, fu la loro estrema umiliazione, la loro partecipazione alla passione del Cristo.

Tornato lontano da loro, Gesù ripeté ancora, una seconda e una terza volta, la sua accorata implorazione: «Padre, se vuoi, allontana da me questo calice! Tutta-

via non sia fatta la mia, ma la tua volontà» (Lc 22,42).

È lunga questa notte d'angoscia sul monte degli ulivi! Notte di lacrime e sudore di sangue. Gesù potrebbe ancora dire *no* alla Passione... È la grande tentazione che gli sta davanti. Satana, che si era allontanato dal deserto per ritornare al momento opportuno, è lì per sferrare l'ultimo attacco. Gesù lo sa e non ha altra arma per difendersi che la preghiera, l'invocazione del Padre che egli chiama «Abbà», come un bambino che implora fiducioso il suo papà. E il Padre teneramente risponde.

«*Gli apparve allora un angelo dal cielo per confortarlo*» (Lc 22,43). Nell'ora della prova il Padre – che pure non esaudisce la richiesta del Figlio di essere preservato dall'amaro calice – non lo lascia solo, come già non aveva abbandonato il profeta Elia nel momento della sua angoscia mortale, ma gli aveva inviato il suo angelo a incoraggiarlo e a fargli riprendere il cammino (1Re 19,1-8). Dio non abbandona mai l'uomo che nella tentazione grida a lui e a lui si affida.

La presenza silenziosa dell'angelo infonde a Gesù un così grande conforto da fargli affrontare vittoriosamente la lotta benché ardua, fino al sudore di sangue.

Nella sofferenza di Gesù nel Getsemani si può forse anche vedere una relazione con la « terra piena di triboli e spine » in cui si trovarono Adamo ed Eva dopo la caduta e la scacciata dall'Eden. Nell'Orto degli ulivi Gesù assume e sperimenta nel suo corpo e nel suo spirito l'angoscia e la repulsione che l'uomo prova nei confronti della morte, frutto del peccato. Ripetendo per tre volte la sua preghiera di abbandono alla volontà del Padre, pone il sigillo definitivo del *sì* d'amore per compiere la missione per cui è venuto nel mondo. Sembra quasi che nel Getsemani egli abbia avuto paura di non riuscire a dire il suo *sì* definitivo e per questo abbia chiesto ai discepoli di *vegliare con lui*. Questo invito possiamo sentirlo rivolto tante volte anche a noi dai nostri fratelli che si trovano nell'angoscia, nella sofferenza, in ogni genere di prova.

Dopo aver pronunziato il *sì* definitivo, Gesù riprende vigore. Egli si alza e va a sollevare dalla loro prostrazione anche i discepoli, per affrontare a viso aperto la folla che ormai avanza per arrestarlo: « Ecco », dice, « l'ora è vicina e il Figlio dell'uomo viene consegnato in mano ai

peccatori. Alzatevi, andiamo! Ecco, colui che mi tradisce è vicino» (Mt 26,46-47).

Gli eventi precipitano. Arriva Giuda che con un bacio tradisce il Maestro; con lui c'è una gran folla di persone armate che lo accerchiano e lo arrestano. In quel momento uno dei discepoli impugna a sua volta la spada per difenderlo, colpisce il servo del sommo sacerdote, staccandogli un orecchio. Ma Gesù interviene: «Rimetti la tua spada al suo posto, perché tutti quelli che prendono la spada, di spada moriranno». E aggiunge: «O credi che io non possa pregare il Padre mio, che metterebbe *subito a mia disposizione più di dodici legioni di angeli*? Ma allora come si compirebbero le Scritture, secondo le quali così deve avvenire?» (Mt 26,53-54). E, lasciandosi catturare, si avvia decisamente per la sua via, fino al Calvario; si consegna senza alcuna resistenza alla morte, perché ha già accettato di caricarsi di noi, di morire per noi, di morire la nostra morte e di farci passare alla sua vita. Quando ci troviamo a fare esperienze analoghe a quella del Getsemani, dobbiamo cercare di ricordare che siamo con Gesù, anzi, che Gesù vive in noi la sua angoscia redentrice e che, dunque, dentro la nostra desolazione pulsa, prepotente, la speranza della vita.

Gesù non chiede l'aiuto degli angeli per essere liberato dalla morte, ma gli angeli lo accompagnano invisibilmente nella sua salita al Calvario *stando*, come Maria, presso di lui. Anche se il Vangelo non parla esplicitamente della loro presenza, artisti di tutti i tempi con acuta intuizione hanno rappresentato gli angeli nella scena della Crocifissione, come pure al momento della deposizione e della sepoltura. Ne abbiamo un mirabile esempio negli affreschi di Giotto nella Cappella degli Scrovegni: Gesù inchiodato alla Croce è attorniato da una moltitudine di angeli che, come nella notte del Natale, sembra essersi precipitata dal cielo, per intonare uno struggente compianto: « Dolore nel più alto dei cieli e dolore sulla terra... Silenzio nel più alto dei cieli e silenzio sulla terra... ». Tre di loro hanno in mano un calice, per raccogliere il sangue che sgorga dalle mani inchiodate e dal cuore trafitto. È l'offerta che porteranno al Padre.

Signore Gesù,
un sonno di tristezza
gravava gli occhi dei tuoi discepoli
mentre tu nell'orto degli ulivi
agonizzavi pregando:
« Padre, se vuoi...! »
Ti facevi grido di tutte le nostre angosce,
ma ti arrendevi al Padre
come un bambino che crede all'amore
anche quando non comprende.
Fa' che non ti lasciamo solo
a dire l'estremo « sì ».
Fa' che nessun uomo sia lasciato solo
nell'ora della tentazione e della prova;
rendici gli uni per gli altri
angeli di sostegno e di consolazione.
Amen.

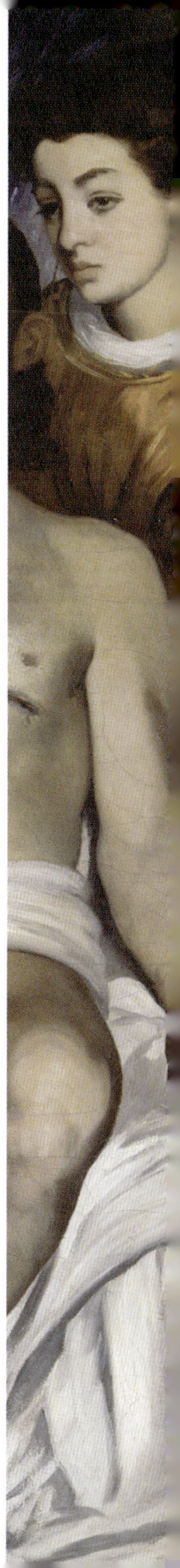

Gli angeli della risurrezione

Gerusalemme era ancora immersa nelle tenebre, quando le pie donne, che per tutta la notte avevano atteso con impazienza i primi albori, uscirono dalle loro case per recarsi svelte al sepolcro. Esse andavano là dov'era nascosto, in un sepolcro sigillato, l'amato Maestro, il loro tesoro, unica speranza della loro vita. Andavano con il cuore stretto dall'angoscia, per compiere un atto di umana pietà e, mentre erano in cammino, si dicevano tra loro, con una certa preoc-

cupazione, chi avrebbe fatto rotolare la grossa pietra che chiudeva l'ingresso del sepolcro.

«Ed ecco che vi fu un gran terremoto: un angelo del Signore, sceso dal cielo, si accostò, rotolò la pietra e si pose a sedere su di essa» (Mt 28,2). Quale signoria sulla morte! Anche solo la sua presenza di luce lascia intuire, presagire che qualcosa di inedito è avvenuto. Come nella notte della nascita di Gesù, anche nella notte della risurrezione un angelo scende dal cielo e avviene uno sconvolgimento della natura, di cui nessuno, se non l'angelo stesso – o gli angeli, secondo le diverse narrazioni evangeliche – è testimone: non le guardie poste dai giudei a custodia del sepolcro, perché caddero a terra tramortite, e neppure le pie donne, perché erano ancora lontane. L'evento della risurrezione in quanto tale rimane mistero nascosto, è il «segreto di Dio». Ecco, allora, la fondamentale importanza della presenza dell'angelo presso il sepolcro vuoto. Il suo annuncio della risurrezione è la roccia stabile su cui si fonda la fede dei credenti, come già nella notte di Natale fu l'annuncio angelico il fondamento della fede dei pastori.

È l'angelo in candide vesti e tutto luce, come una folgore, che ha la missione di annunciare esplicitamente la lieta notizia della risurrezione alle donne, le quali, tremanti

di paura per quello che hanno udito, ancor più restano sconvolte davanti alla pietra rovesciata e al sepolcro vuoto. È ancora l'angelo che apre il dialogo e, con estrema delicatezza, illumina le loro menti, affinché comprendano il vero senso di quello che vedono e si ricordino di quanto Gesù aveva preannunciato. «Voi», dice, «non abbiate paura! So che cercate Gesù, il Crocifisso. Non è qui. È risorto, infatti, come aveva detto» (Mt 28,5-6). Poi, vedendo lo stupore delle donne davanti a un simile annuncio, l'angelo le invita a costatare con i loro occhi: «Venite, guardate il luogo dove era stato deposto» (v. 7). Il sepolcro è vuoto; ma Gesù dov'è? Dove cercarlo ora? Con la sua risurrezione, egli ha superato tutti i limiti dello spazio. Se si vuole cercarlo, non si può più farlo come prima; bisogna cercarlo «altrove», in un'altra dimensione. Quel «vuoto» visto nel sepolcro non è il segno di un'assenza, ma di una presenza diversa. Così anche il «vuoto» che tante volte sentiamo nel cuore non è segno che la nostra vita è priva di senso, ma che il suo significato va cercato a un'altra profondità; va cercato non tra cose destinate a finire, non nella carne, ma nello spirito, non nell'angustia del proprio «io», ma in Qualcuno: nel Risorto. Non può bastare all'uomo vivere per qualcosa, fosse pure un nobilissimo ideale. Solo nell'incontro con colui che è il

Vivente si diventa *veramente vivi*, come con gioia incontenibile cantava sant'Agostino: « O Vita per cui vivono tutte le cose; Vita vivente che mi doni la vita, Vita che sei la mia vita... Vita per la quale sono risuscitato, senza la quale sono perduto; Vita per la quale godo, senza la quale sono tormentato; Vita vitale, dolce e amabile, Vita indimenticabile. O Vita vivente! » (Conf. X,28).

Per questo l'angelo subito aggiunge: « *Presto*, andate a dire ai suoi discepoli: "È risorto dai morti, ed ecco, vi precede in Galilea; *là* lo vedrete" » (Mt 28,6-7). *Là*, ossia in quel luogo geografico ben determinato, che – particolare non trascurabile – è anche il luogo della chiamata dei primi discepoli, quasi a dire che Gesù li vuole riportare alle origini della loro vocazione, per confermarli nella loro chiamata e iniziarli alla missione. C'è un cammino da fare per incontrare il Risorto, per entrare in comunione con lui e annunciarlo ai fratelli.

Concludendo il suo dialogo con le donne, l'angelo dice: « Ecco, io ve l'ho detto » (Mt 28,7). E queste parole hanno il valore dell'Amen, ossia sono – dice san Girolamo – come « una firma », come un « tuono dal cielo ».

Lo scopo della presenza degli angeli nei racconti della risurrezione è, dunque, quello di « confermare nella fede », di dare fondamento divino alla nostra fede nella

risurrezione di Cristo: essa non è una « diceria di uomini », destinata a scomparire non appena le situazioni si fanno avverse; è un fatto realmente accaduto, anche se non ci sono prove « storiche » come normalmente si intende.

Gli angeli apparsi il « primo mattino dopo il sabato » svolgono anche un'altra importante missione, sono – come già nel Getsemani per Gesù – angeli consolatori. È quanto emerge molto bene soprattutto nell'episodio di Maria Maddalena narrato nell'evangelo secondo Giovanni. Mentre Pietro e Giovanni, dopo essere entrati nel sepolcro vuoto, dopo aver visto i « segni » delle bende e del sudario, tornarono alle loro case, « *Maria invece stava all'esterno, vicino al sepolcro, e piangeva* ». In pianto, si chinò verso il sepolcro ed ecco che « vide due angeli in bianche vesti, seduti l'uno dalla parte del capo e l'altro dei piedi, dove era stato posto il corpo di Gesù ». Gli occhi lavati dalle lacrime molto spesso vedono meglio, perché hanno una purezza che solo la sofferenza sa donare.

« Ed essi le dissero: "Donna, perché piangi?" ». Le offrono una parola che è espressione di « com-passione » e di condivisione, una parola che permette a Maria di Madgdala di aprire il suo cuore alla speranza. I divini messaggeri la sostengono nel suo dolore, la aiutano a far tacere il tumulto interiore che la agita, fino a essere

pronta a udire la «parola» che la fa rinascere alla fede: «Maria!», «Rabbunì!».

Nell'affresco della risurrezione di Gesù Cristo del Beato Angelico, nel Museo di San Marco di Firenze, c'è un particolare che non dovrebbe sfuggire: mentre le donne con il volto triste guardano in basso verso il buio del sepolcro e sembrano dire: «Vuoto, vuoto, vuoto...», davanti a loro l'angelo in bianche vesti ha il dito puntato verso l'alto, verso il Risorto in una mandorla di luce. Occorre guardare *là* dove l'angelo indica e fare ciò che egli suggerisce, anche se può sembrare strano e assurdo quello che egli chiede.

Così avvenne nel momento dell'ascensione di Gesù al cielo. A quaranta giorni dalla sua risurrezione, Gesù si congeda dagli apostoli prima di salire al Padre. «Li condusse fuori verso Betània e, alzate le mani, li benedisse. Mentre li benediceva, si staccò da loro e veniva portato su, in cielo» (Lc 24,50-51). Fra lo stupore e la commozione dei suoi discepoli, fu elevato in alto e di nuovo sottratto al loro sguardo. Quale struggimento per loro, che non avrebbero più rivisto quaggiù il volto del loro amato Maestro! Come poteva non scendere un velo di nostalgia sui loro volti? Come potevano non sentirsi spinti a continuare a guardare in alto, quasi per lasciarsi

attrarre nella sua stessa ascensione? E invece gli angeli, che inneggiando circondano Gesù e lo accompagnano nella sua ascensione, rivolgendosi agli apostoli, dicono loro: « Uomini di Galilea, perché state a guardare il cielo? Questo Gesù, che è stato di tra voi assunto fino al cielo, *tornerà un giorno* allo stesso modo in cui l'avete visto andare in cielo » (At 1,10-11). Essi certo non vogliono dire agli apostoli di chiudere l'orizzonte della loro speranza, ma li esortano a intraprendere con slancio l'evangelizzazione, portando il Vangelo fino agli estremi confini della terra e sempre tenendo il cuore *là* dov'è il tesoro.

Signore Gesù, morto e risorto per noi,
vieni a rischiarare della tua luce
il nostro mattino.
Come alle pie mirofore
mandaci l'angelo,
facci udire la tua voce di Risorto,
fresco zampillo d'acqua sorgiva.
Il tuo saluto ci faccia trasalire di gioia
mettendo in fuga i nostri dubbi
e le nostre oscure paure.
Vieni, Gesù,
e come facesti con Maria Maddalena,
chiamaci per nome,
con quel nome segreto di ciascuno
che solo Tu conosci,
Tu che scruti l'intimo dei cuori.
Pervasi dalla tua luce gioiosa,
andremo ad annunciarti a tutto il mondo
– anche noi come angeli della risurrezione –
perché all'odore di morte
subentri il profumo di vita,
il profumo della tua carne risorta,
primizia della nostra risurrezione.
Amen!

Referenze iconografiche

Copertina: Giotto (Giotto di Bondone 1266-1336): Sogno di Giovacchino e fascia ornamentale. Padova, Cappella Scrovegni. © 2013. Foto Scala, Firenze.

p. 16: Ecce ancilla Domini o l'Annunciazione. Dipinto di Dante Gabriele Rossetti (1828-1882) 1850 Dim. 72x42 cm Londra, Tate Gallery. © 2013. White Images/Scala, Firenze.

p. 23: Lorenzo Monaco (1370 ca.-1423): Trittico dell'Annunciazione - p. (Angelo). Firenze. © 2013. Foto Scala, Firenze - su concessione Ministero Beni e Attività Culturali.

p. 28: Poulet Raymond (1934-): Natività 21, 2001. Olio su tela 130 x 89 cm © 2013. BI, ADAGP, Paris/Scala, Firenze.

p. 33: Chagall, Marc (1887-1985): La Madonna del villaggio, 1938-1942. Madrid, Museo Thyssen-Bornemisza. Olio su tela, 102.5 x 98 cm. © 2013. Museo Thyssen-Bornemisza/Scala, Firenze.

p. 38: Giotto (Giotto di Bondone 1266-1336): Battesimo di Gesù. (Post-restauro). Padova, Cappella Scrovegni. © 2013. A. Dagli Orti/Scala, Firenze.

p. 45: Gentileschi, Orazio (1562-1647): Battesimo di Cristo - p. (angelo). Roma, S. Maria della Pace. © 2013. Foto Scala, Firenze.

p. 50: Janmot, Anne François Louis (1814-1892): L'angelo e la madre, 1854. Lione, Musée des Beaux Arts. Olio su tela, 104,5 x 144 cm. © 2013. DeAgostini Picture Library/Scala, Firenze.

p. 57: Murillo, Bartolome' Esteban (1618-1682): Arcangelo Raffaele. Riverdale-on-Hudson, Coll. Moss Stanley. © 2013. Foto Scala, Firenze.

p. 60: Giotto (Giotto di Bondone 1266-1336): Crocifissione. Padova, Cappella Scrovegni. © 2013. Foto Scala, Firenze.

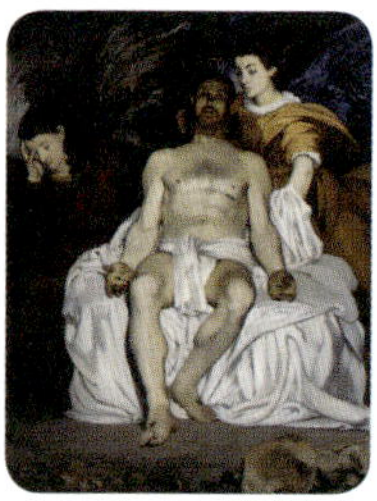

p. 65: Manet, Edouard (1832-1883): Cristo morto circondato dagli angeli, 1864. New York, Metropolitan Museum of Art. Olio su tela, 179.4 x 149.9 cm. © 2013. The Metropolitan Museum of Art/Art Resource/Scala, Firenze.

p. 70: Beato Angelico (1387-1455): Pie donne al sepolcro. Firenze, Museo di S. Marco. © 2013. Foto Scala, Firenze - su concessione Ministero Beni e Attività Culturali.

p. 75: Mantegna, Andrea (1431-1506), copia: Le Marie al sepolcro, (1460-1550). Londra, National Gallery. Olio su legno, 42.5 x 31.1 cm. © 2013. Copyright The National Gallery, London/Scala, Firenze.

Indice

Stampa: Àncora Arti Grafiche - Milano - 2013